Mes Vacances en

dimanche 20 ju

Aujourd'hui je suis arrivée en Corse après un bon voyage en bateau de Marseille. Une semaine de vacances (super!) avec mes parents (ennuyeux!).

L'hôtel Napoléon à Ajaccio (une ville touristique) est joli et intéressant. C'est un petit hôtel de qualité. J'ai une chambre climatisée avec radio, télévision et balcon. Formidable! L'hôtel est près de la plage – super! J'adore nager! Je voudrais aussi faire du ski nautique, de la planche à voile, du canoë-kayak et du surf!

Ce soir au restaurant, j'ai vu un beau garçon – un ami pour moi peut-être??? On va voir!

C'est moi

lundi 21 juillet

Aujourd'hui une température méditérranéenne toute la journée!

J'ai parlé avec le beau garçon dans le restaurant au petit-déjeuner! Il s'appelle Philippe. Il est assez grand avec les cheveux châtains et les yeux marrons. Il habite à Paris, il a quatorze ans et il aime nager aussi!

Le matin nous avons nagé dans la piscine de l'hôtel et cet après-midi dans la mer …

Le soir, j'ai fait une promenade avec mes parents en ville et le long de la plage – un peu ennuyeux!

J'aime beaucoup Philippe … c'est l'amour??

mardi 22 juillet

Encore du soleil! Ce matin j'ai fait un cours de ski nautique. C'était bien difficile et je suis tombée mille fois! Philippe a pris beaucoup de photos de moi en difficulté – je trouve ça horrible (et gênant!) et je n'ai pas parlé avec Philippe de tout l'après-midi.

Il était un peu triste et plus tard il m'a invité à aller à la discothèque le soir. Mais quelle horreur! Quand je suis entrée dans la discothèque ce soir je l'ai vu danser avec une autre fille! J'ai quitté la discothèque immédiatement! Philippe ne m'intéresse plus!

mercredi 23 juillet

Comme je suis stupide! La fille dans la discothèque était la sœur de Philippe! Philippe a trouvé l'épisode bien rigolo, mais moi, je l'ai trouvé pénible. Comme consolation, il m'a invité à faire un tour à vélo, mais mes parents ont décidé de faire une visite des menhirs à Filitosa.

Les pierres sont intéressantes, mais moi, je trouve Philippe plus intéressant!

Le soir, on a joué au bowling et au billard américain dans le bar de l'hôtel. C'était amusant!

jeudi 24 juillet

Encore de la chaleur! Philippe et moi, nous avons loué des vélos tout terrain pour faire un tour en pleine campagne. C'est vraiment très pittoresque dans cette région avec ses magnifiques forêts de pins. Nous avons passé une journée tranquille ... jusqu'à cinq heures moins le quart (j'ai promis Papa de rentrer avant cinq heures!).

Désastre – le vélo de Philippe avait un pneu crevé et nous avons dû rentrer à pied. Nous sommes rentrés vers six heures et demie! Papa était furieux! Il a dit “non” quand Philippe m’a invité au cinéma. Les parents m’énervent!

vendredi 25 juillet

Aujourd'hui l'hôtel a organisé beaucoup de sports pour les jeunes à la plage. J'ai fait du surf et de la planche à voile – beaucoup plus facile que le ski nautique! Et puis j'ai fait du canoë-kayak avec Philippe – super!

Le dernier soir de mes vacances! J'avais rendez-vous au cinéma avec Philippe à sept heures et demie. A huit heures j'attendais encore devant le cinéma. A huit heures et demie aussi! A neuf heures je suis rentrée à l'hôtel (sans Philippe!). Je suis très fâchée et je ne lui parle plus!

Samedi 26 juillet

Quelle malchance! J'attendais Philippe devant le cinéma Rex et Philippe m'attendait devant le cinéma Etoile! Comme nous sommes stupides!

Toute la journée à la plage – génial! Philippe m'a offert un cadeau – du papier à lettres. Un beau souvenir de mes vacances formidables en Corse! Je vais correspondre avec Philippe chaque weekend!

L'année prochaine peut-être pouvons-nous faire des vacances à Paris??

Activités

1. Au mois d'août la fille parle de ses vacances avec un(e) ami(e). Imagine la conversation.

Exemple:
– J'adore la Corse!
– Pourquoi?
– …

2. Cherche des informations sur la Corse et prépare un poster touristique.

3. Ecris la première lettre de la fille à Philippe.

Exemple:
Cher Philippe,
Ce matin je suis allée à la piscine avec mes amis …

4. L'année suivante, la fille passe un week-end à Paris. Ecris son journal!

Vocabulaire

l'amour (m)	love
attendre	to wait
le bateau	boat
la campagne	countryside
la Corse	Corsica
encore	again, still
énerver quelqu'un	to get on someone's nerves
ennuyeux	boring
fâché/e	angry
la forêt de pins	pine forest
gênant	embarrassing
le long de	along
la malchance	bad luck
menhirs	standing stones
la mer	sea
le papier à lettres	writing paper
pénible	dreadful
pittoresque	picturesque
la planche à voile	wind surfing
en pleine campagne	in the open country
le pneu crevé	puncture
prendre des photos	to take photos
le rendez-vous	date, meeting
le ski nautique	water skiing
tomber	to fall
triste	sad
le vélo tout terrain	mountain bike

Thomas Nelson & Sons Ltd
Nelson House Mayfield Road
Walton-on-Thames Surrey
KT12 5PL UK

Nelson Blackie
Wester Cleddens Road
Bishopbriggs
G64 2NZ UK

Thomas Nelson Australia
102 Dodds Street
South Melbourne
Victoria 3205 Australia

Nelson Canada
1120 Birchmont Road
Scarborough Ontario
M1K 5G4 Canada

First published by
Thomas Nelson and Sons Ltd 1995

I(T)P Thomas Nelson is an
International Thomson Publishing Company
I(T)P is used under licence

ISBN 0-17-439997–9
NPN 9 8 7 6 5 4 3 2 1

Printed in Hong Kong

Illustrated by Andrew Oliver